Material: Bunt- oder Filzstifte

Der Schnecke fehlt ihr Haus. Male das Schneckenhaus mit einem bunten Muster aus und dazu eine Blumenwiese.

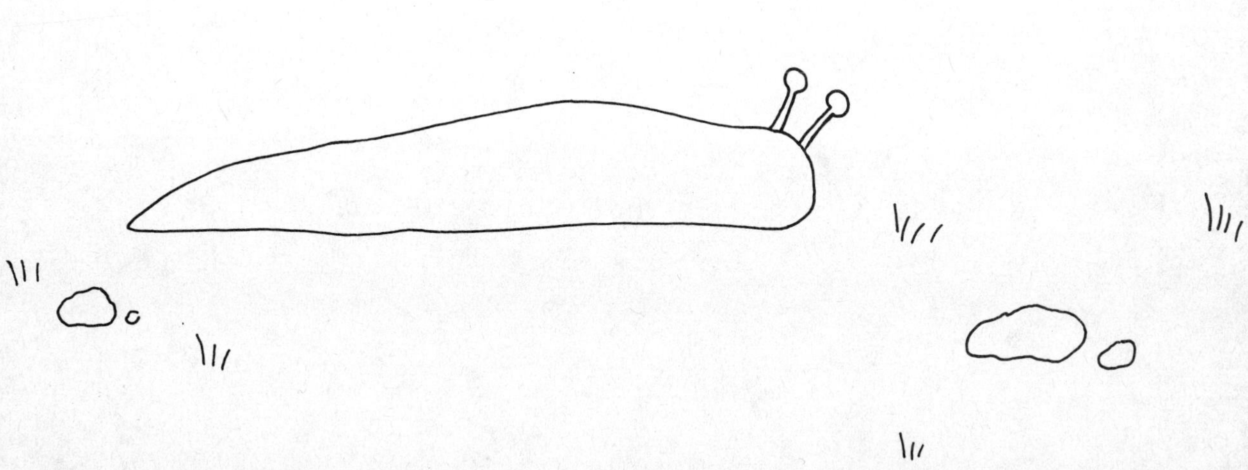

Karl-Heinz Putzka: Zeichnen und Malen in der Primarstufe

Material: Buntstifte

Auf dem Schiff ist viel los. Der Kapitän darf nicht fehlen. Male alles farbig aus.

Material: Buntstifte

Zeichne dich selbst. Ziehe die Figur an, wie du selbst angezogen bist. Beobachte genau!

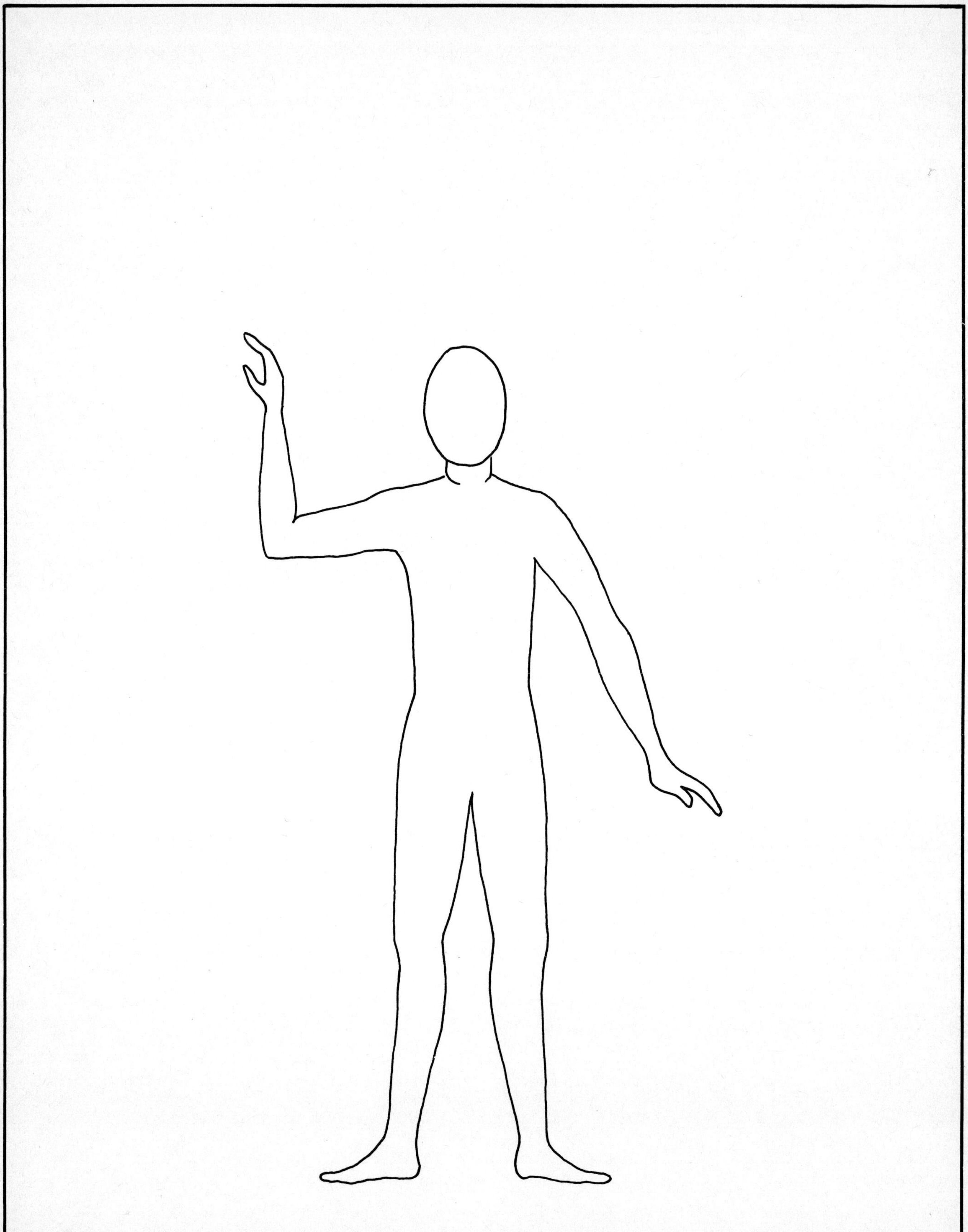

Material: Buntstifte oder Wachsmalstifte

Male ein Muster auf die Vase. Ein großer, dichter Strauß Sonnenblumen soll die Vase schmücken.

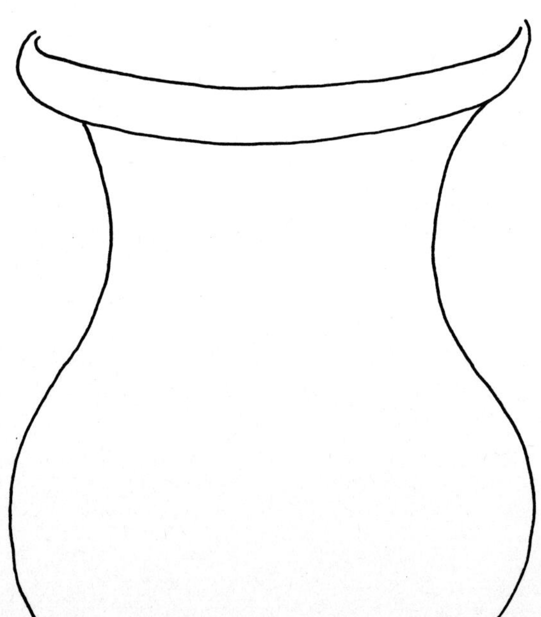

Material: Bleistift, Buntstifte

Zeichne eine Phantasiemaschine, die es noch nicht gibt, die du dir jedoch wünschst (z.B. Hausaufgabenschreibmaschine: oben kommen Hefte, Stifte, Lineal hinein und unten die sauber geschriebenen Hefte heraus.) Ergänze: Schalter, Knöpfe, Hebel an der Maschine.

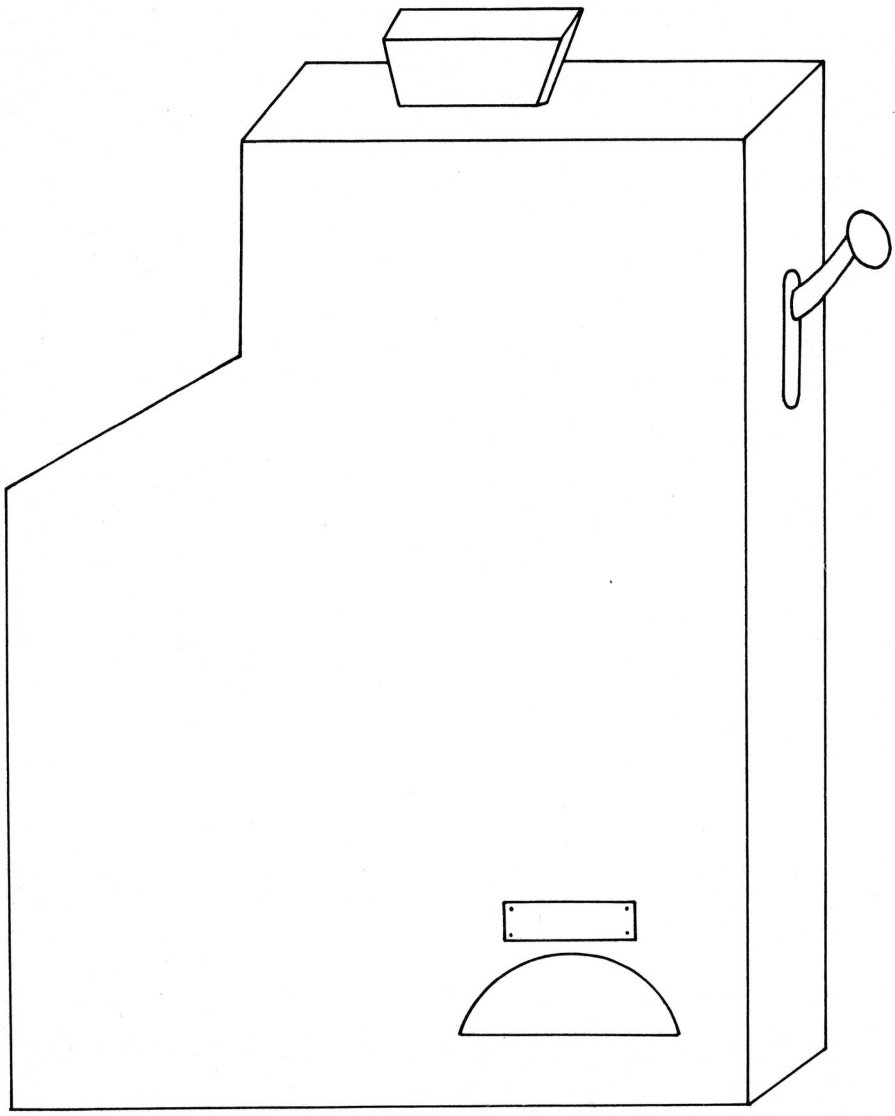

Material: Bunt- oder Filzstifte

Zeichne den Baum, wie er im Frühling, Sommer, Herbst oder Winter aussieht. Schaue dir die Bäume in deiner Umgebung an.

Material: Buntstifte

Das sind die Köpfe der Familie Meier: Vater, Mutter, Sohn Tim und die Zwillingstöchter Anna und Lena. Zeichne die Gesichter ein.

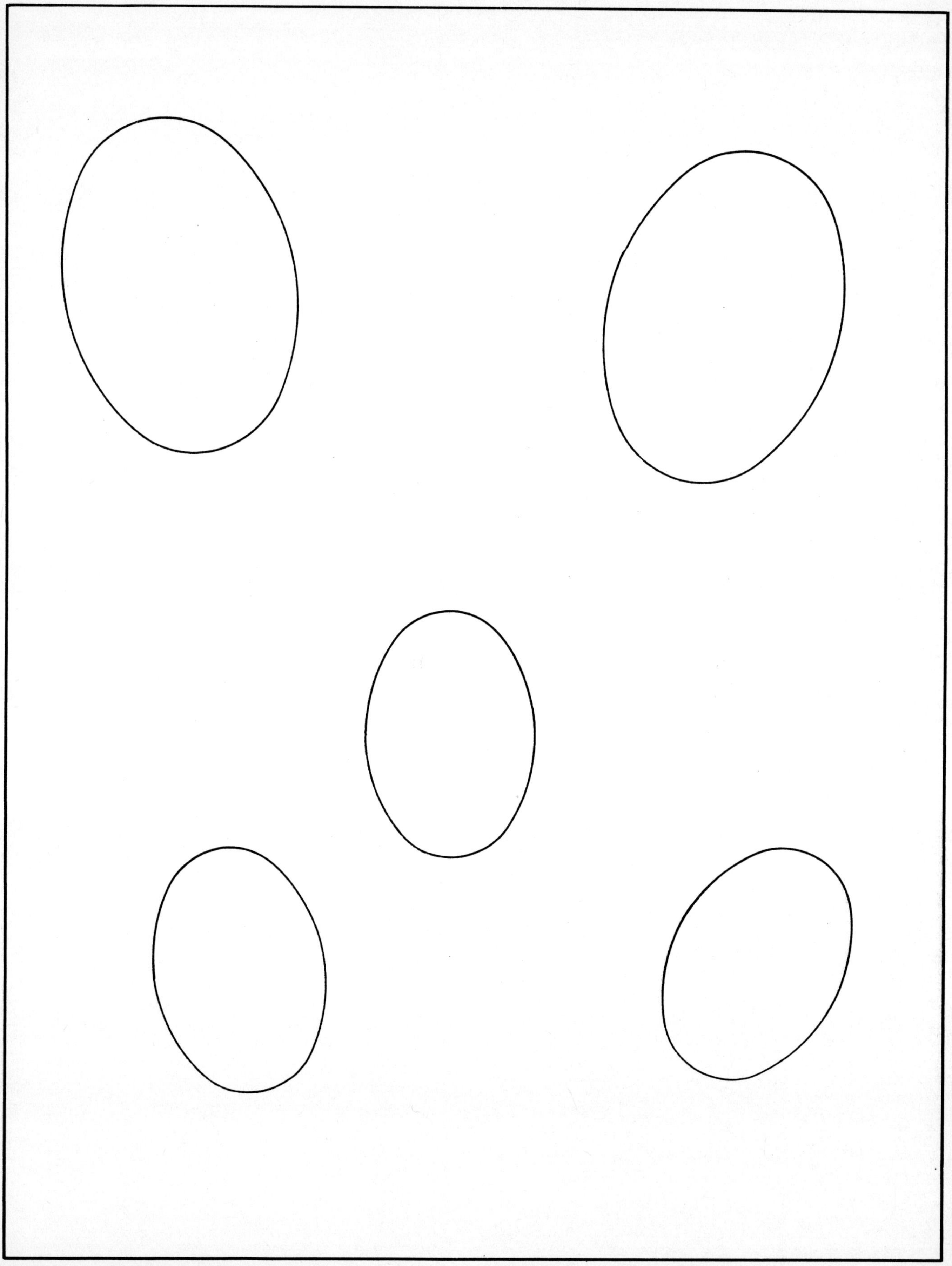

Gegenständliches Zeichnen — Phantasiebild

Material: Bleistift, Buntstifte

Male zu diesen und mit diesen Zeichen eine kleine Geschichte.
(Kreise = Köpfe, Räder; Dreiecke = Dächer usw.)

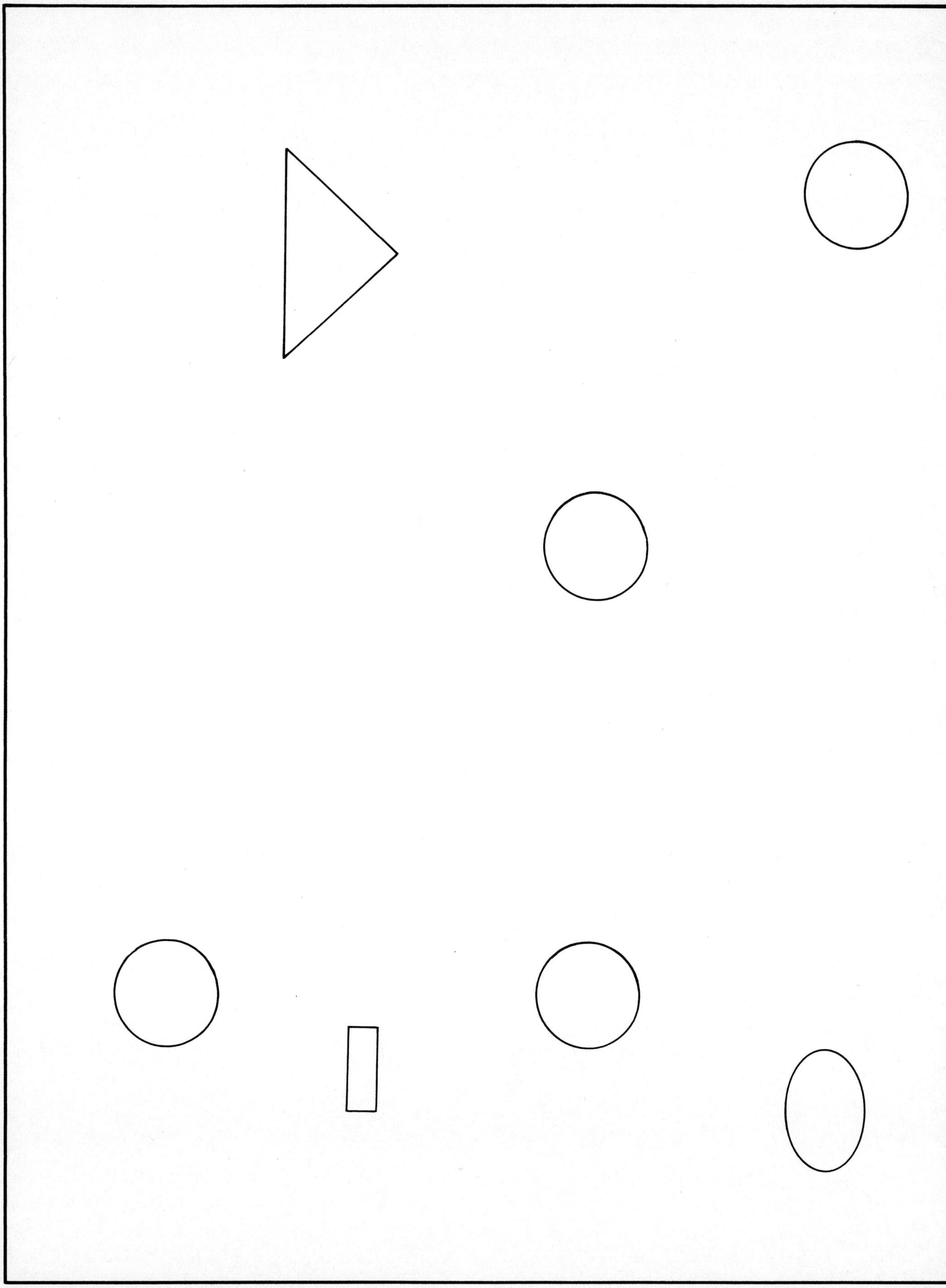

Material: Buntstifte

Der Baum wechselt im Jahr seine Farben und sein Aussehen. Male ihn entsprechend bunt. Denke dir für jede Jahreszeit ein Symbol aus (z.B.: Winter = Schneeflocke) und zeichne es als Zierband in den entsprechenden freien Teil des Bildrandes.

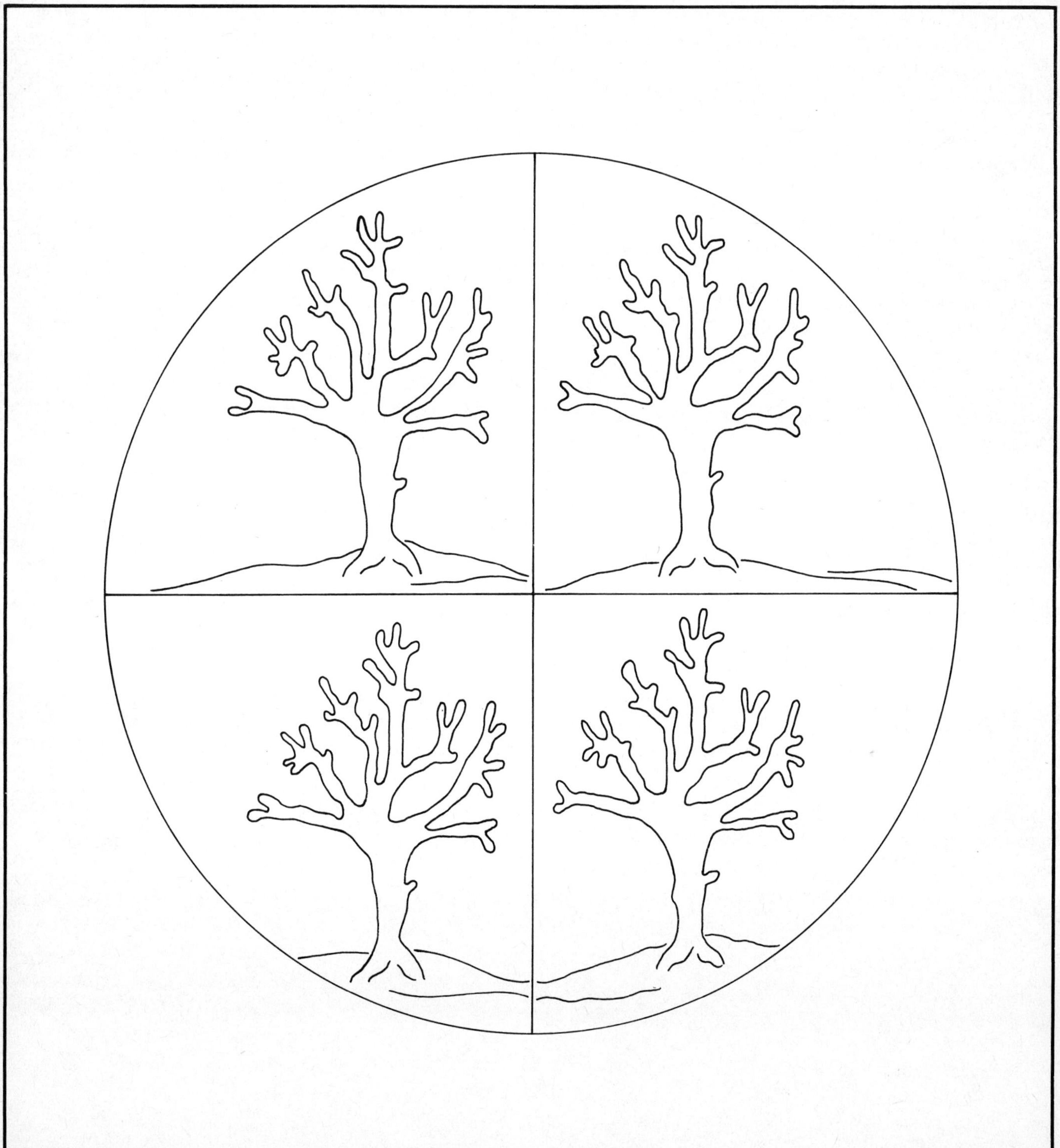

Material: Buntstifte

Der Baum wechselt im Jahr seine Farben und sein Aussehen. Male ihn entsprechend bunt. Denke dir für jede Jahreszeit ein Symbol aus (z.B.: Winter = Schneeflocke) und zeichne es als Zierband in den entsprechenden freien Teil des Bildrandes.

Material: Buntstifte

Zeichne in die Regale, Ladentheke und Kisten, was zu einem Krämerladen gehört.

Material: Buntstifte

Zeichne in das Aquarium Fische, Muscheln, Pflanzen und male alles farbig aus.

Karl-Heinz Putzka: Zeichnen und Malen in der Primarstufe

Material: Buntstifte

Eine Familie (Vater, Mutter, Sohn und Tochter) hat ein Familienfoto machen lassen. Wie sehen die Familienmitglieder aus? Gestalte auch den Rahmen des Fotos.

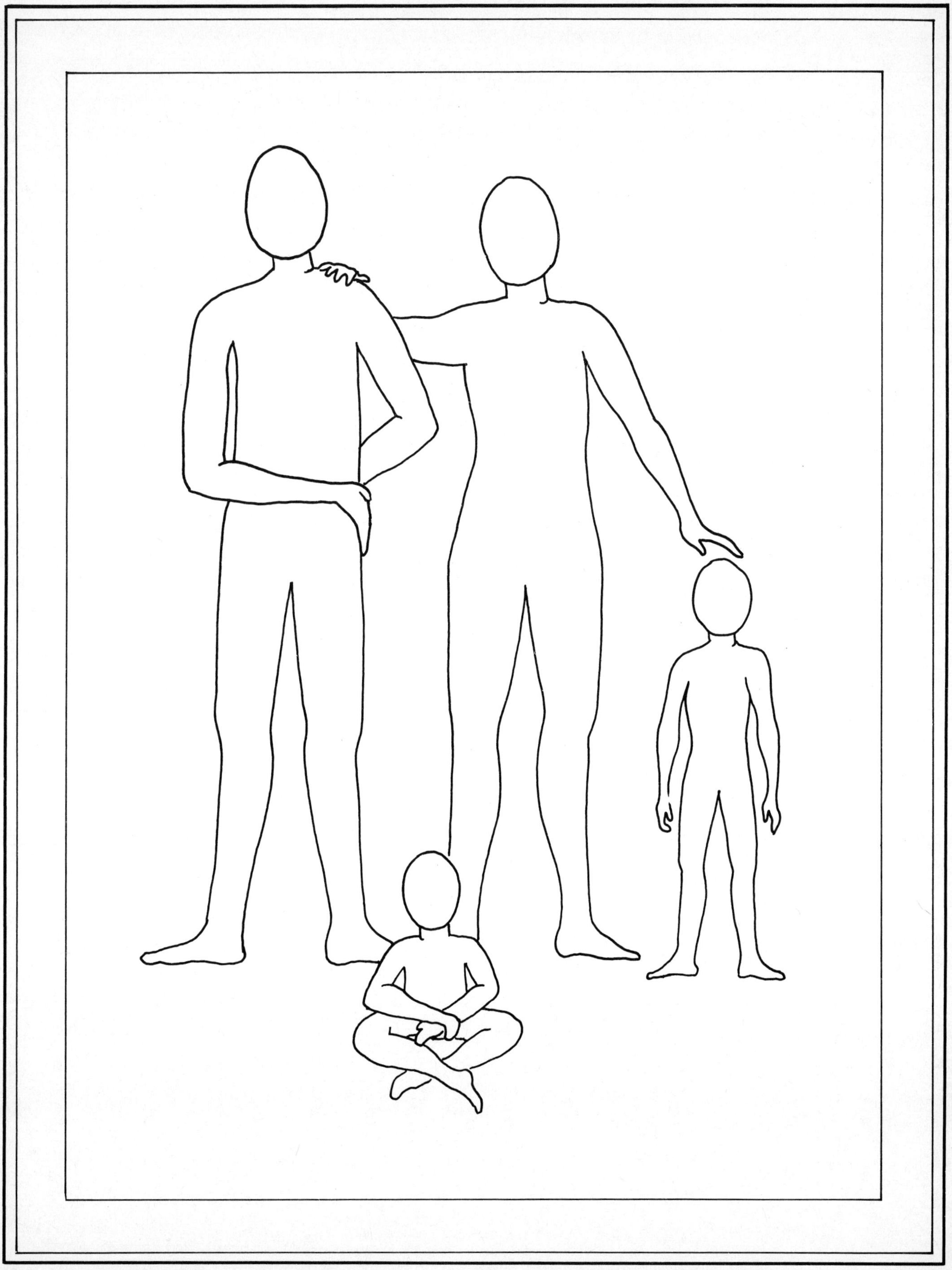

Material: Bunt- oder Filzstifte

Auf der Insel wird ein Schatz vergraben. Die übrigen Piraten sind auf dem Schiff. Zeichne alles, was fehlt. Male das ganze Bild farbig aus.

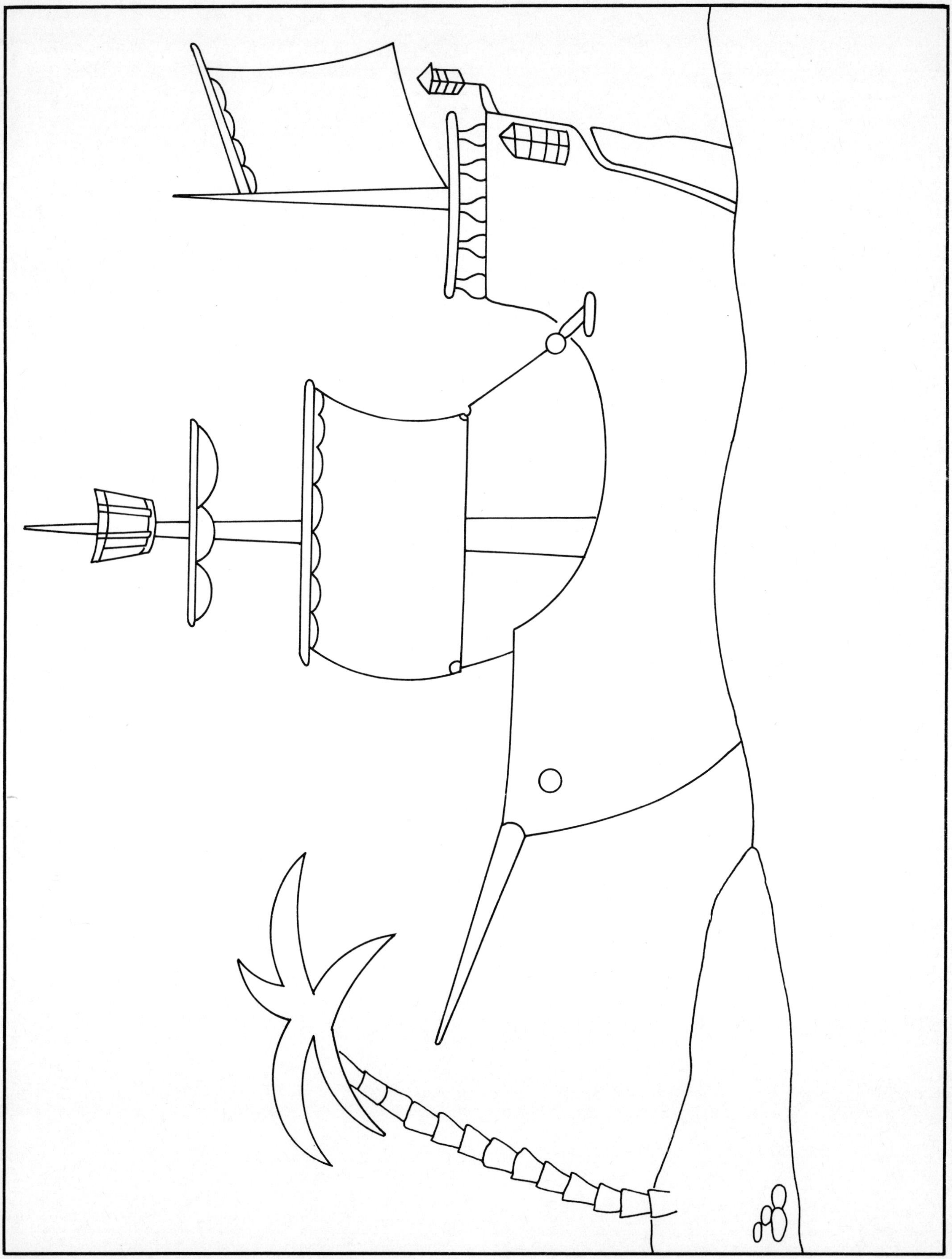

hier oben!

Material: Filzstifte

Zeichne ein Gesicht in die Maske, lustig oder böse schauend. Male sie farbig aus. Du kannst sie auch ausschneiden.

Material: Buntstifte

Zeichne in die Regale und auf die Ladentheke, was man an Spielwaren in dieser Bude kaufen kann.

Karl-Heinz Putzka: Zeichnen und Malen in der Primarstufe

Material: Bunt- oder Filzstifte

Wer kann das sein? Ein Junge, der Versteck spielt, ein Indianer oder ein Dieb? Überlege!
Male alle fehlenden Einzelheiten.

Material: Bunt- oder Filzstifte

Im Zoo gibt es viel zu sehen. Zeichne die Tiere und die Besucher. Male alles farbig aus.

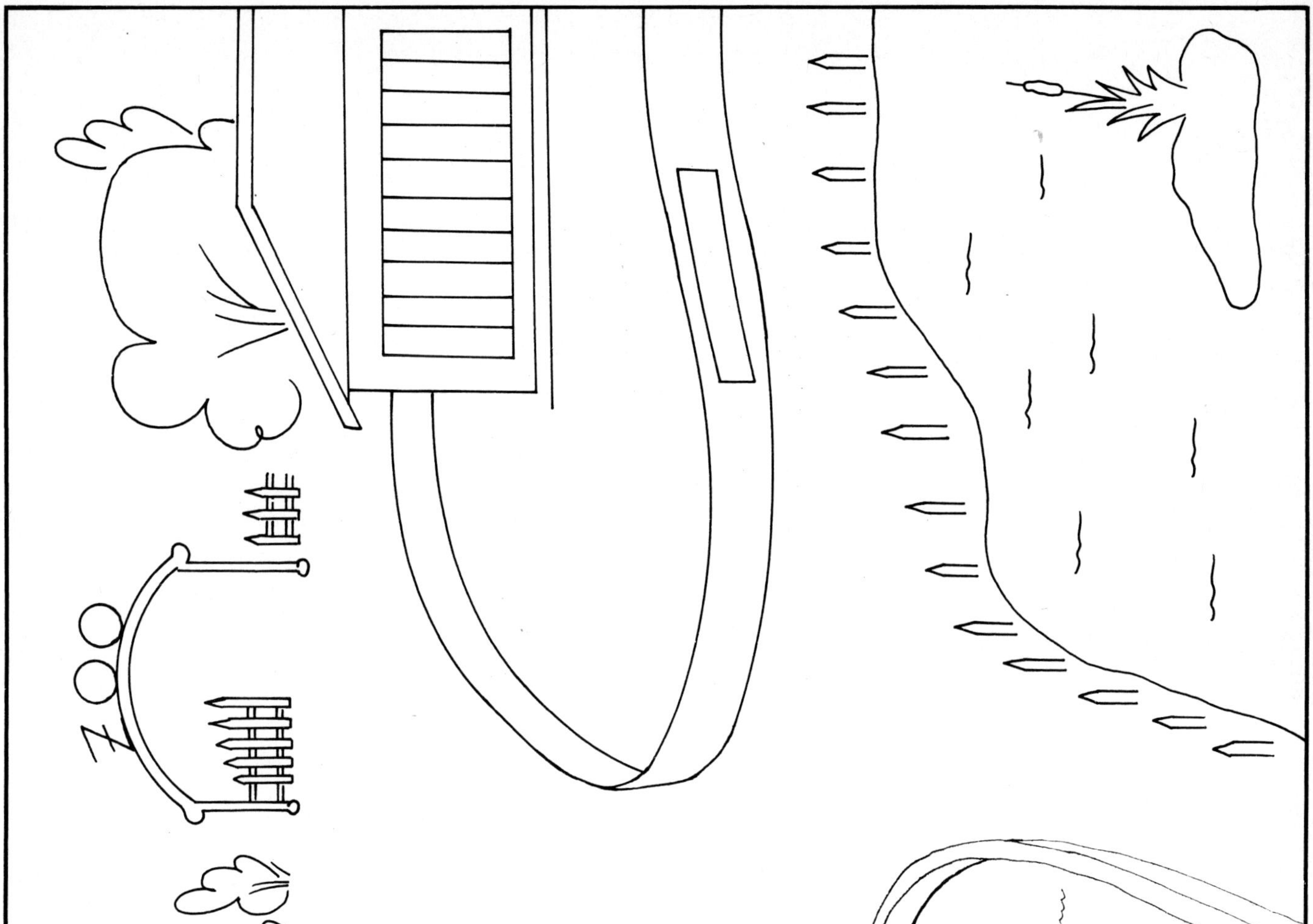

Material: Bunt- oder Filzstifte

Auf dem Bauernhof ist heute viel los. Zeichne die Tiere, den Bauern und seine Frau. Male alles farbig aus.

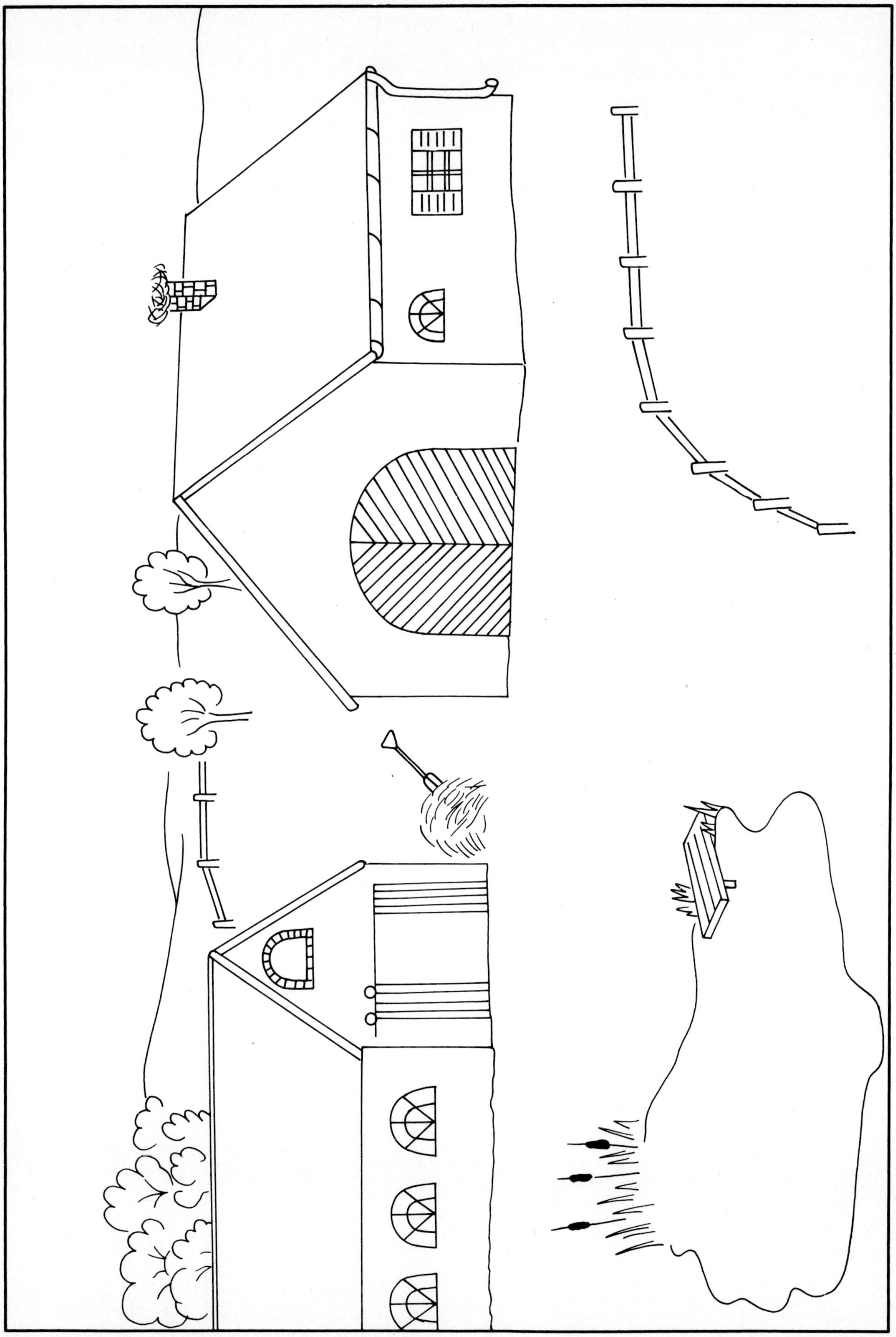

Farbübung — Papagei

Material: Deckfarben, breiter Pinsel oder Bunt- und Filzstifte

Dem Papagei fehlt sein buntes Federkleid. Male *lange, bunte* Federn. Den Hintergrund male grün.

Farbübung — Zebras

Material: Filzstifte

Die Zebras haben ihre Streifen verloren. Zeichne sie ein, jedoch nicht schwarz-weiß, sondern benutze die Farbkombinationen blau-orange, lila-gelb, grün-rot. Eine der Farben aus den Farbpaaren wird Hintergrundfarbe.

Material: Bunt- oder Filzstifte

Dem Hahn fehlen die langen, bunten Schwanzfedern. Auf den Körper des Hahnes müssen auch noch Federn gezeichnet werden. Male sie mit verschiedenen Braun- und Schwarztönen aus. Den Hintergrund male gelb.

Farbübung — rote und gelbe Kreise und Ovale

Material: Deckfarben

Male die Kreise und Ovale mit roter oder gelber Farbe aus. In den Schnittflächen der Kreise und Ovale entsteht durch Mischen der Farben eine neue Farbe. Wähle eine dunkle Farbe für den Hintergrund.

Material: Filzstifte, Bleistift

Ergänze beim Pfau mindestens noch zwei Kränze rautenförmiger Vierecke (siehe gestricheltes Viereck). Male jeden Kranz mit einer anderen hellen Farbe aus. Den Körper und den Hintergrund male mit einer dunklen Farbe aus.

Farbübung — Blätter im Herbst

Material: Deckfarben oder Wachsmalstifte

Male die Blätter mit unterschiedlichen Brauntönen aus (mischen). Male noch große und kleine Blätter hinzu. Den Hintergrund male gelb.

Farbübung — Boote auf dem Meer

Material: Deckfarben

Male die Wellen mit unterschiedlichen Blautönen aus . Die Farben dürfen sich vermischen.
Male darauf Boote mit Deckweiß.

Material: Filzstifte

Male die waagerechten Streifen im Wechsel mit zwei Farben aus. Anschließend werden die Einzelteile der Blume mit Mustern (Wellen-, Streifen- oder Zickzacklinien) mit demselben Farbpaar bemalt.

Malen mit Buntstiften — Mosaik

Material: Buntstifte

Male die einzelnen Flächen mit unterschiedlichen Farben aus.

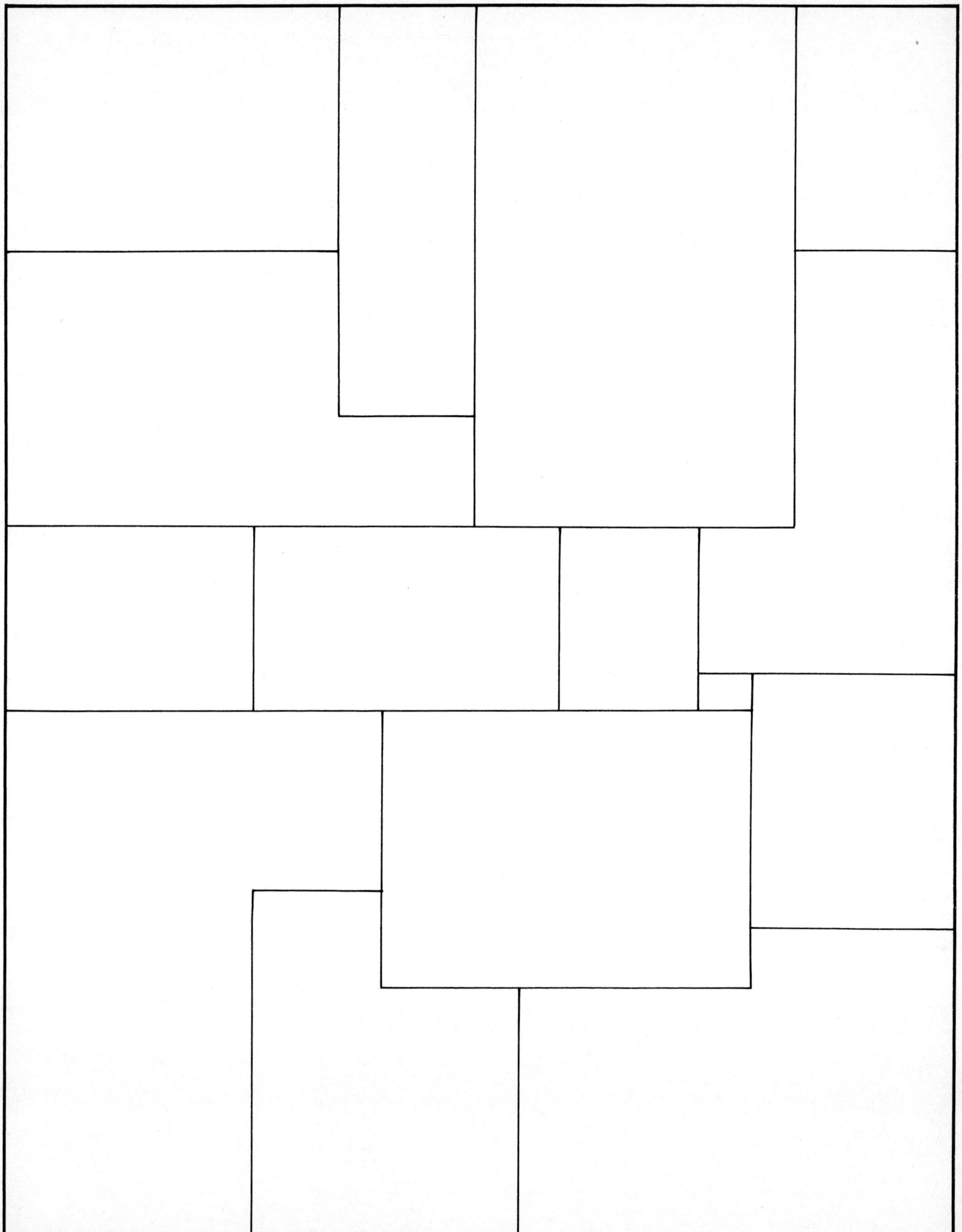

Material: Buntstifte

Male die Bäume und Sträucher mit verschiedenen Grüntönen aus. Danach zeichne Früchte und Beeren in die Sträucher und Bäume.

Material: Bleistift, Filzstifte oder Wachsmalstifte

Dem Indianer fehlt der Federschmuck und die Kriegsbemalung.
Male die Haut rot-orange, den Hintergrund blau.

Material: Buntstifte

Male die Stiele und Blätter mit verschiedenen Grüntönen aus.
Jeder Stiel bekommt eine Blüte.

Linien als grafisches Mittel — Muster

Material: Buntstifte, Lineal

Zeichne die noch fehlenden Linien ein. Male die Flächen im Schachbrettmuster zweifarbig aus.

Linien als grafisches Mittel — Muster

Material: Filzstifte

Zeichne die fehlenden Linien ein. Hilfslinien sind eingezeichnet. Male die einzelnen Flächen im Wechsel mit zwei Farben aus.

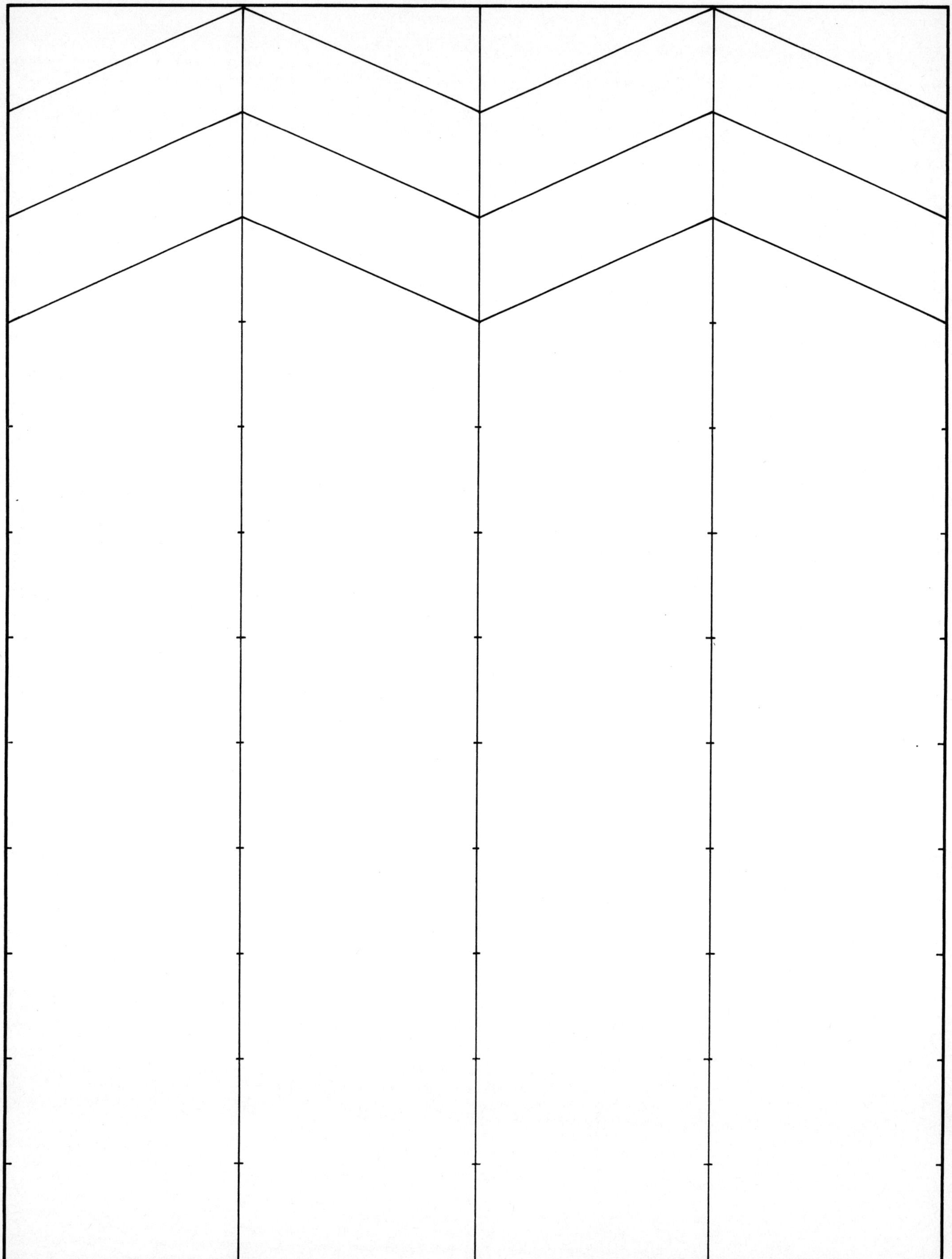

Karl-Heinz Putzka: Zeichnen und Malen in der Primarstufe

Material: Bleistift, Buntstifte, Lineal

Zeichne auf das Denkmal weitere „Vierecke“. Die Vierecke dürfen sich nur über Eck berühren. Male jedes Viereck mit einem anderen Muster aus.

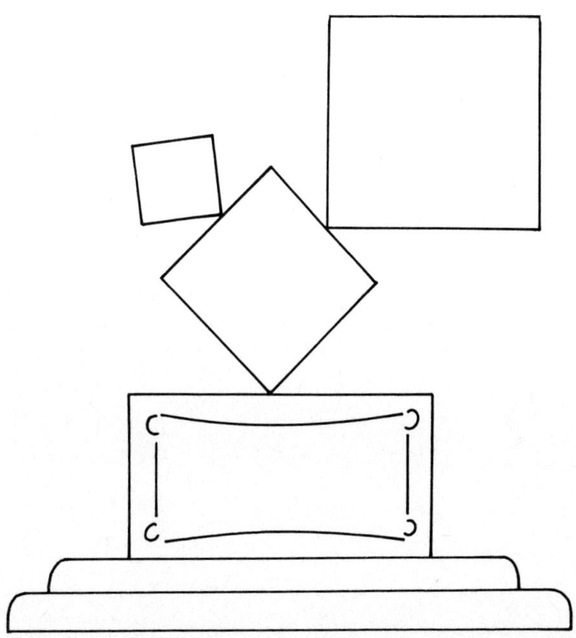

Material: Buntstifte

„Verlege“ die Rohre weiter. Alle Teile und Anschlüsse müssen verbunden und vernietet werden. Du kannst auch noch weitere Uhren, Kränze usw. hinzufügen. Male die Rohre und den Hintergrund farbig aus.

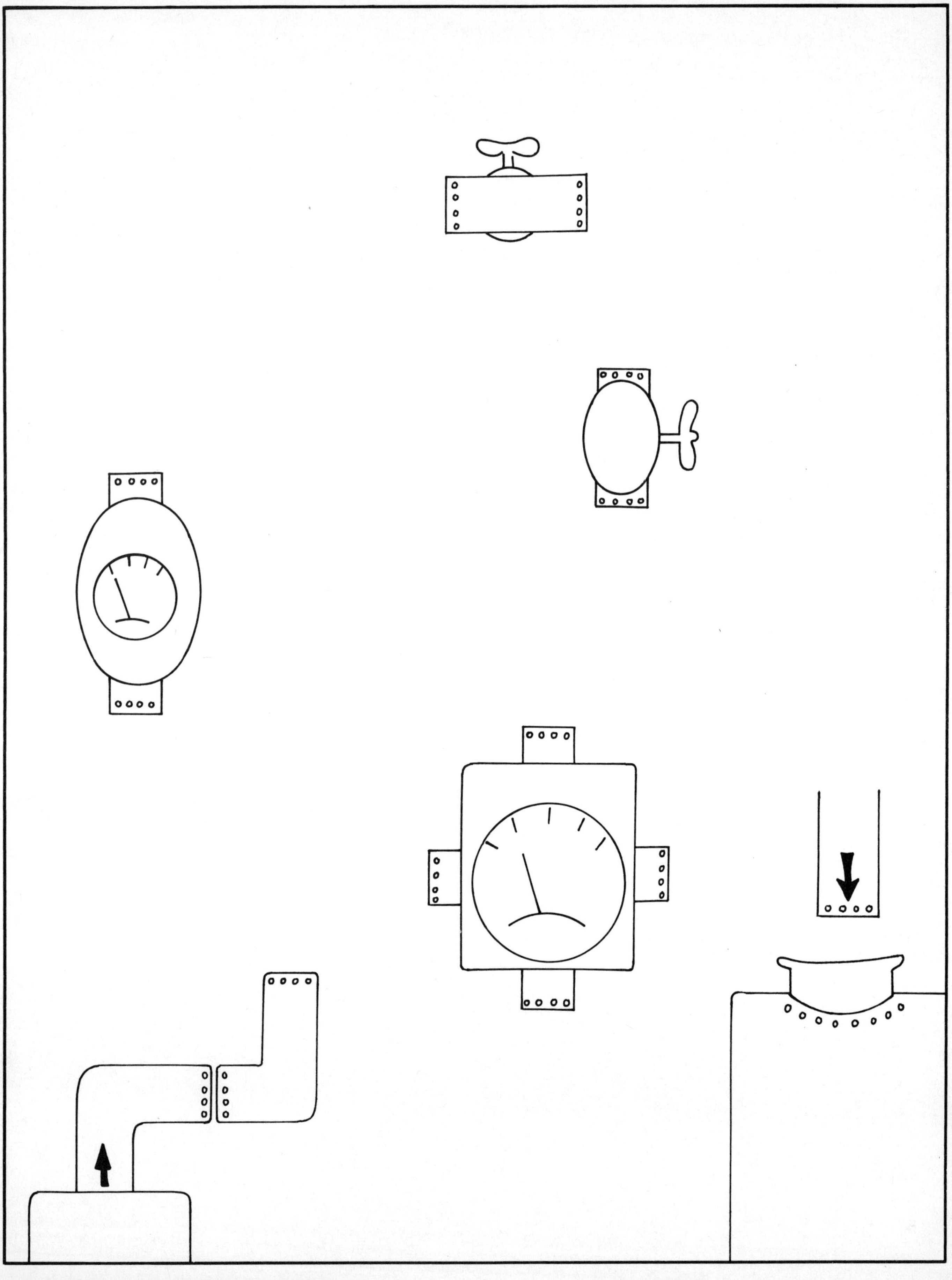

Überlagerung von Linien — Buntstifte

Material: Bleistift, Buntstifte

Die Buntstiftschachtel wurde umgestoßen. Die Buntstifte liegen über- und untereinander. Achte darauf, wenn du weitere zeichnest. Male sie farbig an.

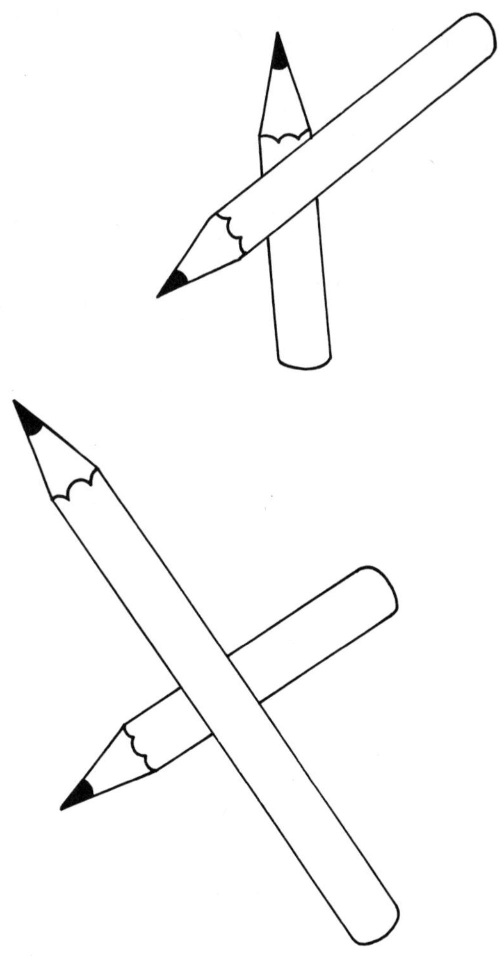

Geometrische Formen — Eisenbahn

Material: Bunt- oder Filzstifte

Belade die Waggons mit großen und kleinen Kisten. Male jede Kiste mit einer anderen Farbe aus.

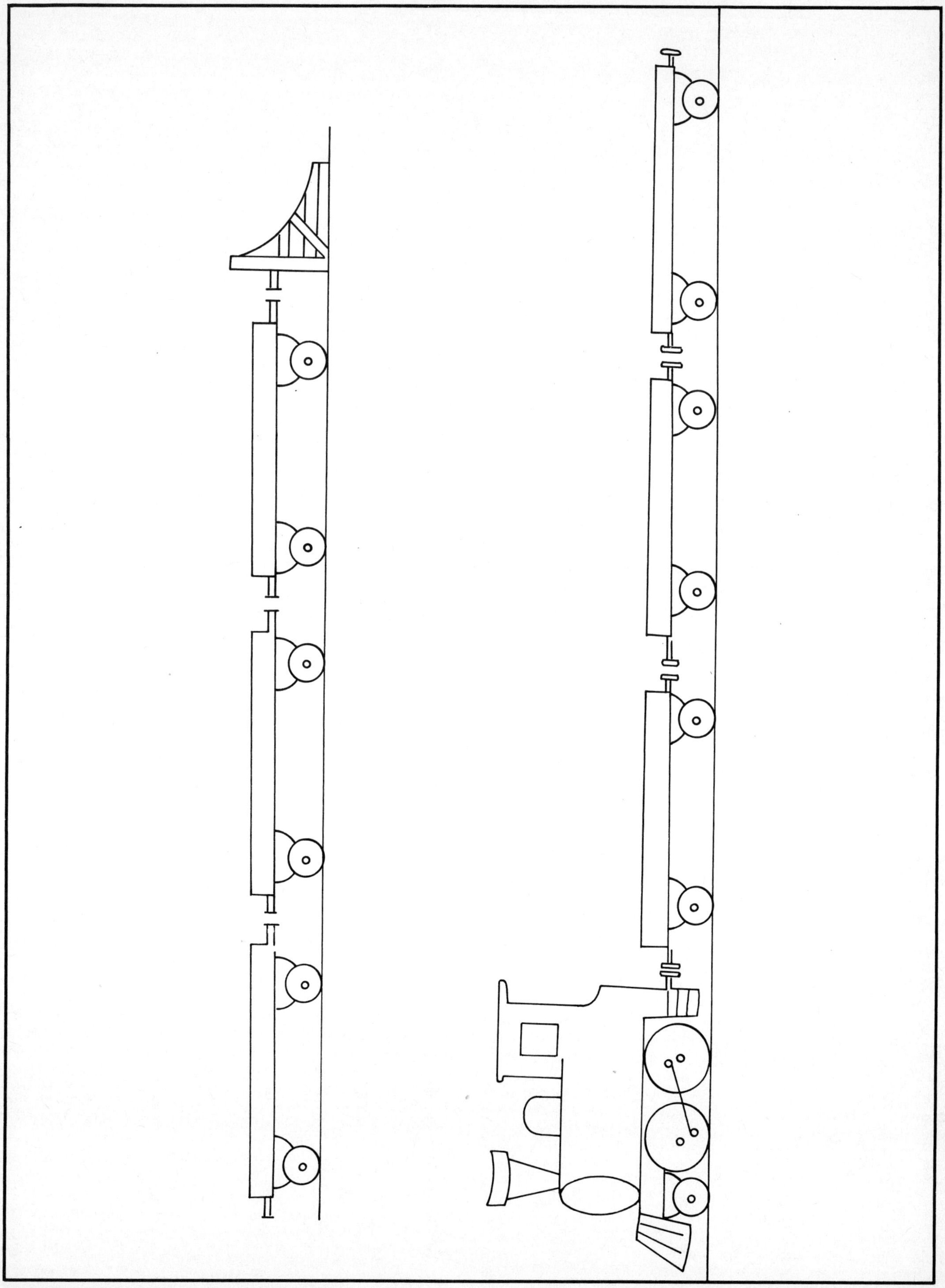

Material: Bleistift, Buntstifte

Hilf dem Baumeister beim Bau. Zeichne weitere Steinquader auf die Pyramide, bis sie fertig ist.
Male zum Schluß die einzelnen Steinquader farbig aus.

Material: Bleistift, Lineal, Buntstifte

Zeichne weitere Dreiecke — die Dreiecke dürfen sich überschneiden — und male sie mit Buntstiften aus. Wo sich zwei farbige Flächen schneiden, gibt es eine Mischfarbe.

Material: Bunt- und Filzstifte

Überlege, was du aus einem Viereck (1) alles zeichnen kannst (z.B. ein Haus). Du mußt in jedes Feld etwas Neues dazumalen (z.B. 2 = Viereck + Dach; 3 = Viereck + Dach + Tür usw.).

Karl-Heinz Putzka: Zeichnen und Malen in der Primarstufe

Material: Bunt- und Filzstifte

Überlege, was du aus zwei kleinen Kreisen (1) alles zeichnen kannst (z.B. ein Auto). Du mußt in jedes Feld etwas Neues dazumalen (z.B. 2 = Kreise werden Reifen; 3 = Reifen + Führerhaus usw.).

Material: Bunt- oder Filzstifte

Male bunte Muster in die Flügel. Achte darauf, daß ein Schmetterling immer die gleichen Muster in beiden Flügeln hat.

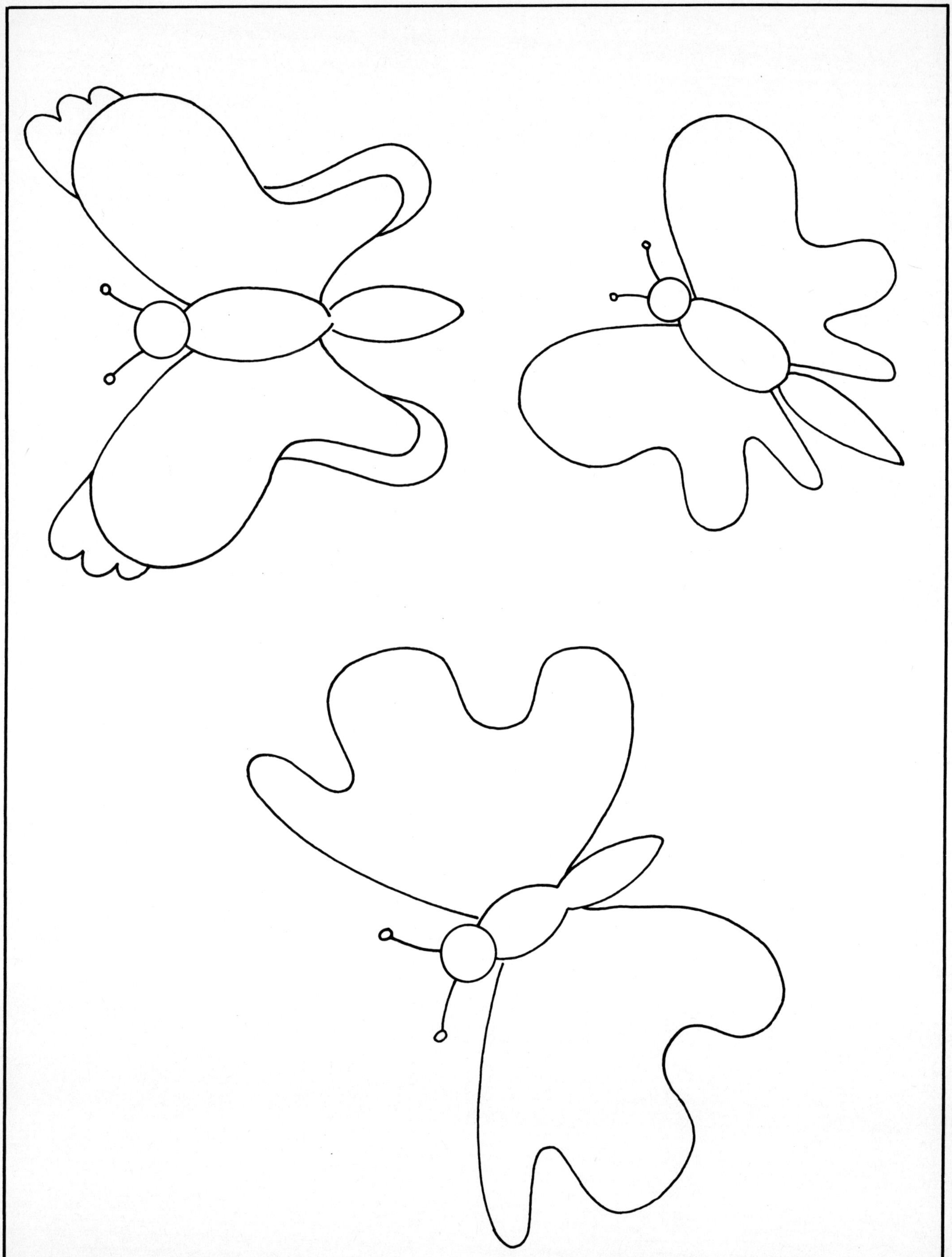

Material: schwarzer Filzstift

Zeichne der Schlange das fehlende Rückenmuster. Da du nur Schwarz verwenden sollst, denke dir ein besonders vielseitiges Muster aus.

Material: Buntstifte

Male den Fischen die fehlenden Schuppen. Sie können verschiedene Formen haben (Dreiecke, Kreise, Halbkreise usw.). Male die Schuppen farbig aus.

Material: Lineal, Filzstifte, Buntstifte

Zeichne die Häuser farbig. Male jedes Haus mit einem anderen Muster aus, z.B. Dreiecke, Vierecke, Kreise, Wellen usw.

Material: Buntstifte

Male die Indianerzelte mit unterschiedlichen Mustern und Zeichen aus. Den Hintergrund kannst du nach eigener Vorstellung ausmalen.

Material: Bleistift

Zeichne die noch fehlenden Steine und Dachpfannen. Danach male die Steine und Dachpfannen mit dem Bleistift aus.
Beachte folgendes: Du kannst mit einem Bleistift dick und dünn, stark oder schwach zeichnen.

Material: dunkelblauer Filzstift, hellblauer Buntstift

Male an die vorgezeichneten Strahlensterne Bögen, Linien, Kreise, Dreiecke usw. Die Dreiecke, Kreise usw. sollen mit einem hellblauen Buntstift ausgemalt werden.

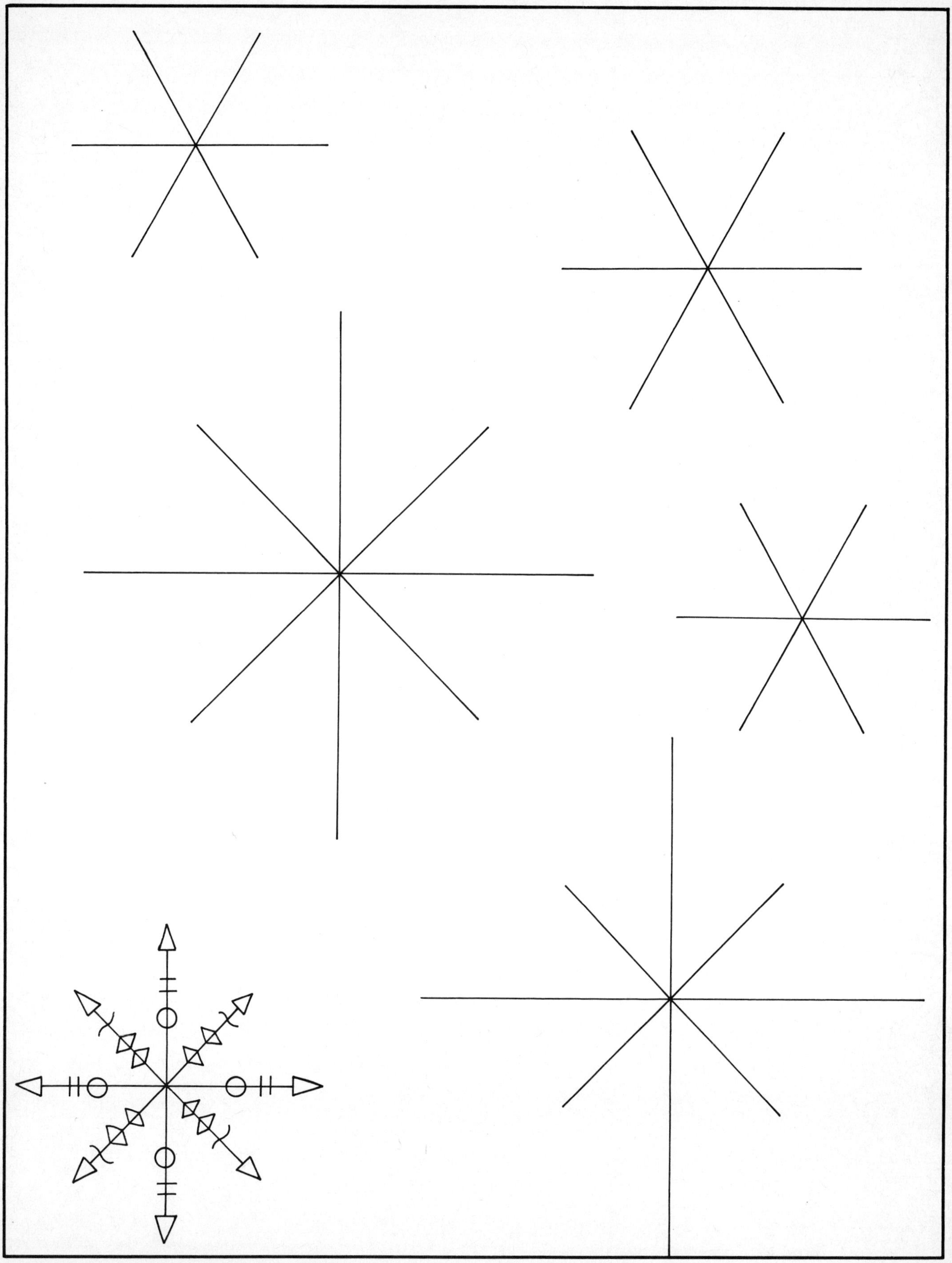

Spiegelbildliches Zeichnen — Schmetterling

Material: Filzstifte, Buntstifte

Zeichne die noch fehlende Hälfte des Schmetterlings. Beobachte genau. Benutze zum Ausmalen nur zwei Farben. Die Farben wechseln in beiden Hälften des Schmetterlings, z.B. rot-grün. Ist der Teil des Kopfes in Feld A rot, so wird er im Feld B grün.

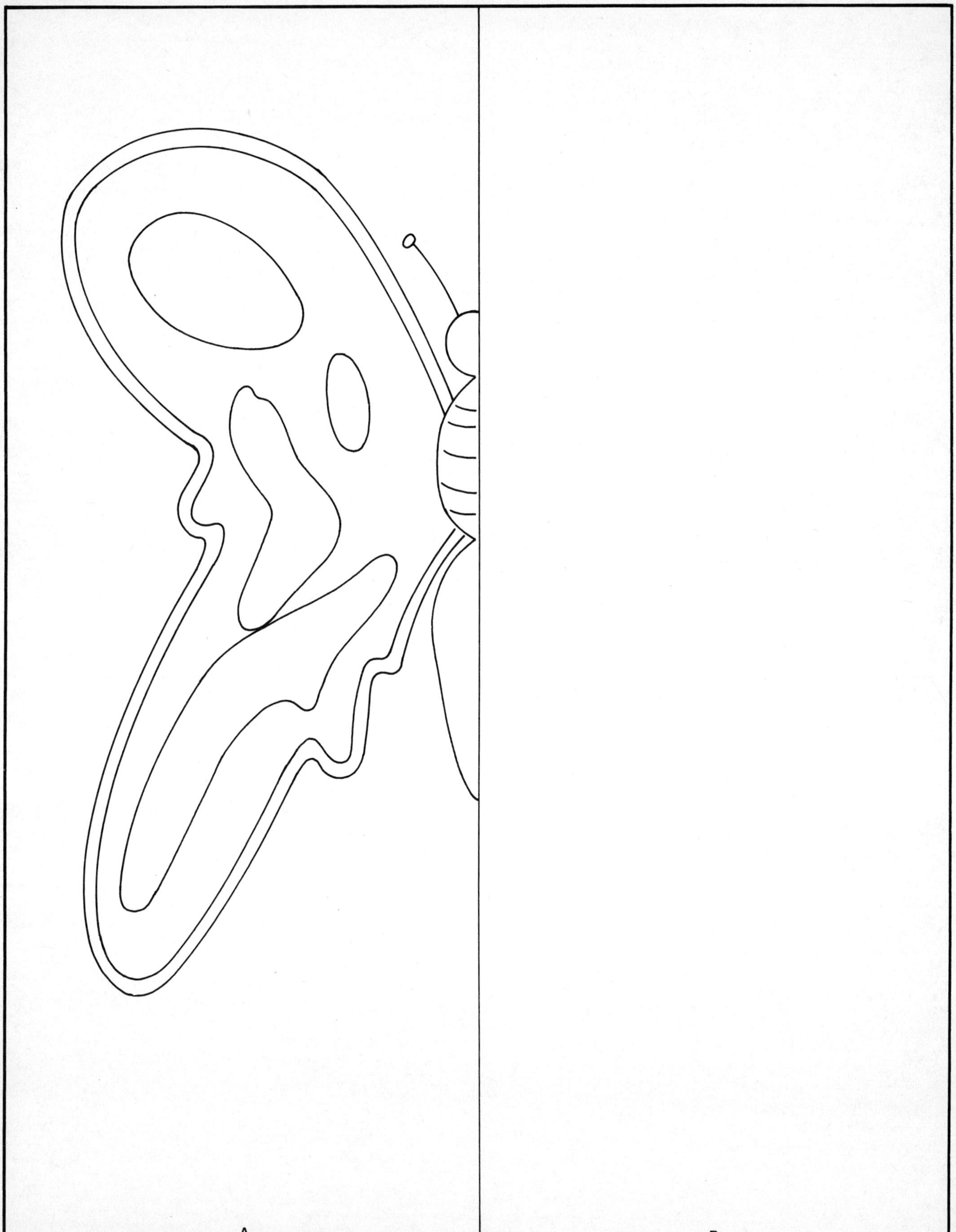

Material: Schere, Klebstoff, Transparentpapier

Schneide die weißen Flächen sauber heraus und beklebe den Engel von der Rückseite mit farbigem Transparentpapier.

Material: Schere, Klebstoff, Transparentpapier

Schneide die weißen Flächen sauber heraus und beklebe den Nikolaus von der Rückseite mit farbigem Transparentpapier.